AGLAÉ BLIN

j'aime et je cuisine

le citron

Photographies d'Alain Gelberger

RUSTICA

Dépôt légal : avril 2006
ISBN 10 : 2-84038-652-6
ISBN 13 : 978-2-84038-652-6
N° d'éditeur : 48553
Premier tirage : avril 2006

Sommaire

Sommaire

Salade d'artichauts poivrade au citron 6
Citrons farcis au thon 8
Citron vert au tarama de haddock 10
Ceviche 12
Taboulé de quinoa au citron 14
Risotto au citron, aux raisins et champignons 16
Salade de citrons marocaine 18
Filets de rougets sauce fraîche 20
Daurade rôtie citron-fenouil 22
Curry de thon coco-citron 24
Gambas tandoori 26
Poulet créole ananas-citron vert 28
Poulet aux citrons confits 30
Rôti de porc aux agrumes 32
Tartare de bœuf aller-retour 34
Piccata de veau à la limonade 36
Dés de lapin au citron et à la menthe 38
Tajine d'agneau aux fèves et citrons confits 40
Tarte au citron 42
Soufflé au citron 44
Mousse au chocolat blanc et citron vert 46
Terrine d'agrumes au thé vert 48
Cheesecake au citron 50
Cake au citron 52
Crème brûlée au citron 54
Petits gâteaux au yaourt et citron 56
Sablés sésame-citron 58
Granité au citron 60
Lemon curd 62
Citrons confits à l'huile 64

Sommaire

le citron

Soleil de la cuisine, le citron trouve sa place dans de nombreuses recettes, aussi bien salées que sucrées. Originaire de l'Inde, il est connu depuis quelque trois mille ans dans le Bassin méditerranéen et c'est au Moyen Âge qu'il trouve sa terre d'élection en Espagne.
Le citron vert, ou lime, n'est pas de la même famille et ne se plaît vraiment que sous les tropiques.
Bons princes, l'un comme l'autre nous offrent leur zeste, leur chair, leur jus, sans oublier leurs feuilles très aromatiques.

Comment le choisir

Préférez des citrons non traités après récolte, de taille petite ou moyenne, bien fermes, à peau lisse et fine, souples sous les doigts. Une écorce brillante indique qu'ils sont enrobés de cire végétale ou de paraffine pour améliorer leur présentation (et éviter le développement de champignons indésirables). Il suffit alors de les brosser sous l'eau chaude avant d'en prélever le zeste.

Ses atouts-santé

Riche en **vitamine C** et en **polyphénols spécifiques** qui renforcent son action, le citron (jaune ou vert) est un **fruit vitaminé et léger** : c'est donc une excellente habitude d'en ajouter systématiquement en filet sur les crudités, les salades de fruits, les poissons ou les viandes.

Il est aussi pourvu en **calcium** qui est bien assimilé par l'organisme grâce à la présence de la vitamine C. Il permet la minéralisation des os mais intervient aussi dans la coagulation du sang, dans les contractions musculaires et dans de nombreuses réactions enzymatiques au niveau cellulaire.

On dit que le citron est **acide**. Oui, mais seulement en bouche, nullement pour l'estomac. Petit rappel : les aliments dits « acidifiants » (qui ne sont pas forcément acides au goût), libèrent des acides pendant la digestion et fatiguent le corps. Contrairement à ce qu'on pourrait penser, ce n'est nullement le cas du citron.

La saison préférée du citron

Janv.	**Fév.**	**Mars**	Avr.	Mai	Juin	Juil.	Août	Sept.	Oct.	Nov.	Déc.

Comment le conserver

Un citron jaune se garde sans problème 6 à 8 jours à température ambiante ou 2 à 3 semaines dans le bac à légumes du réfrigérateur.
Le citron vert, lui, se conserve aussi bien que le jaune mais il a tendance à se dessécher (alors que le citron jaune finit par moisir) et à jaunir (surtout s'il est exposé à une forte lumière).
Sachez que citrons jaunes ou verts donneront plus de jus s'ils sont à température ambiante, d'où l'intérêt de les sortir à l'avance du réfrigérateur avant de les presser.

Ses variétés

Citron vert et citron jaune ne sont pas de la même famille.

- Le citron vert est une lime, fruit du limettier et possède une pulpe acide et très juteuse. On le trouve toute l'année, principalement en provenance des Antilles, d'Amérique du Sud, de Californie ou de Côte d'Ivoire.

Plusieurs variétés de citron jaune sont disponibles sur les marchés... même si leur nom est rarement mentionné : l'eureka américain, l'internado de Sicile ou le verna d'Espagne.
Le citron a la particularité de fructifier plusieurs fois dans l'année :

- le citron d'hiver ou primofiori (premières fleurs) est récolté d'octobre à décembre. Il est juteux mais pas très parfumé.
- le limoni prend le relais de décembre à mai avec une période faste en février-mars. À goûter absolument, les citrons de Menton et de Nice, juteux à souhait et tellement savoureux.
- le verdelli est mûr en été mais il est nettement moins juteux.
- Enfin, l'automne revient avec le bianquetto ou le mayolino.

Trucs et astuces

- Pour qu'un citron donne le maximum de jus, roulez-le au préalable sur une surface plane en appuyant fermement avec la paume de la main afin de destructurer ses fibres.
- Pour quelques gouttes de jus, il n'est pas nécessaire de couper un citron en deux. Il suffit de le piquer avec les dents d'une fourchette et de presser légèrement.
- Pour conserver un demi-citron, posez-le sur une soucoupe et placez un verre retourné par-dessus (ou placez-le dans un pot de confiture vide).
- Arroser certains fruits et légumes de jus de citron (pomme, poire, avocat, artichaut...) retarde leur oxydation en préservant leur couleur tout en relevant leur saveur.

Salade d'artichauts poivrade au citron

4 PERS. // PRÉPARATION : 15 MIN

- **8 petits artichauts poivrade**
- **3 citrons**
- **4 cuil. à soupe d'huile d'olive**
- **12 olives noires de Nice**
- **fleur de sel, poivre du moulin**

Pressez 2 citrons. Versez le jus dans un plat creux. Rompez la tige des artichauts. Retirez les feuilles externes pour arriver aux feuilles les plus tendres. Coupez le haut des feuilles puis émincez chaque artichaut en lamelles. Mettez-les au fur et à mesure dans le plat contenant le jus des citrons. Mélangez bien.

Assaisonnez de fleur de sel. Arrosez d'huile d'olive puis poivrez largement au moulin. Garnissez du citron restant coupé en quartiers et des olives. Servez frais.

Variante

Pour une entrée plus consistante, mariez ces artichauts à 250 g de pâtes cuites al dente, *assaisonnées d'une sauce composée de 2 cuil. à soupe de tapenade, du jus de 1 citron et de 4 cuil. à soupe d'huile d'olive.*

Citrons farcis au thon

6 PERS. // PRÉPARATION : 30 MIN

- **6 gros citrons à peau épaisse**
- **1 boîte de thon au naturel (132 g)**
- **4 cuil. à soupe de pois chiches en boîte (80 g)**
- **1 oignon rouge**
- **2 cuil. à soupe de tarama**
- **2 cuil. à soupe de ricotta**
- **2 cuil. à café de moutarde**
- **3 cuil. à soupe d'huile d'olive**
- **1/2 bouquet de coriandre**
- **piment d'Espelette**

Coupez un chapeau sur chaque citron. Tranchez-les à la base pour une assise stable. Évidez-les de leur chair. Coupez la pulpe en morceaux en procédant au-dessus d'une jatte afin de recueillir le jus.

Pelez et hachez l'oignon. Égouttez et écrasez le thon à la fourchette. Rincez et égouttez les pois chiches. Ajoutez le tout dans la jatte contenant la pulpe des citrons.

Dans un bol, mélangez le tarama, la ricotta, la moutarde et l'huile d'olive. Relevez d'une pincée de piment d'Espelette. Versez cette sauce dans la jatte. Ajoutez la coriandre ciselée. Mélangez bien le tout.

Garnissez les citrons évidés de cette préparation. Servez très frais.

Conseil

Transvasez les pois chiches restants dans un pot en verre. Réservez-les au réfrigérateur. Vous les utiliserez lors d'un autre repas pour agrémenter une salade composée.

Citron vert au tarama de haddock

4 PERS. // PRÉPARATION : 20 MIN

- 4 citrons verts
- 250 g de filets de haddock
- 100 g de mie de pain
- 4 échalotes
- 20 cl de crème
- 30 cl de lait
- 2 cuil. à soupe d'huile d'olive
- 12 brins de ciboulette
- poivre blanc

Retirez la peau des filets de haddock. Mettez-les dans une assiette creuse. Arrosez-les de 20 cl de lait. Laissez de côté 15 min.

Arrosez la mie de pain de 10 cl de lait. Pelez et hachez les échalotes.

Coupez un chapeau sur chaque citron vert. Coupez-les également légèrement à la base pour une assise stable. Évidez-les de leur pulpe. Pressez cette pulpe dans un bol pour en recueillir le jus.

Égouttez et épongez les filets de haddock. Coupez-les en morceaux puis mixez-les avec les échalotes, la mie de pain bien pressée, le jus des citrons verts, la crème très froide et l'huile d'olive. Relevez de poivre blanc.

Remplissez les citrons évidés de ce tarama de haddock. Parsemez de ciboulette ciselée. Servez très frais.

Conseil

Pour évider facilement les citrons, l'outil idéal est la cuillère coupante. Il suffit d'aiguiser le bord d'une cuillère à dessert avec un fusil de cuisine afin de le rendre tranchant.

Ceviche

6 PERS. // PRÉPARATION : 20 MIN // MACÉRATION : 12 H

- **800 g de filets de poisson (daurade, cabillaud ou thon)**
- **1 piment frais**
- **4 oignons frais**
- **6 citrons verts**
- **3 tomates**
- **6 brins de coriandre**
- **sel**

Fendez le piment. Éliminez les graines et les cloisons puis coupez-le en tout petits dés. Pelez et hachez les oignons.

Coupez les filets de poisson en morceaux de 2 cm de côté. Mettez-les dans un plat creux en y alternant le piment et les oignons. Salez légèrement. Arrosez le tout du jus des citrons verts. Couvrez. Réservez 12 h au réfrigérateur en retournant de temps en temps les morceaux de poisson.

Au moment de servir, ajoutez les tomates épépinées et coupées en dés. Parsemez de feuilles de coriandre. Accompagnez de pain de campagne grillé et d'huile d'olive.

Variantes

Au Pérou, les filets de poisson sont laissés entiers. Au Mexique, ils sont coupés en dés comme dans cette recette. Pour une note douce et parfumée, ajoutez des baies roses écrasées et panachez le jus de 3 citrons verts avec celui de 1/2 pomelo (à la place des 6 limes).

Taboulé de quinoa au citron

4 PERS. // PRÉPARATION : 30 MIN // CUISSON : 12 MIN // RÉFRIGÉRATION : 2 H

- 200 g de quinoa
- 2 citrons non traités
- 4 tomates vertes
- 1 botte d'oignons frais
- 2 petites courgettes
- 150 g de feta
- 4 cuil. à soupe d'huile d'olive
- 1 bouquet de menthe
- sel, poivre

Rincez le quinoa. Faites-le cuire 12 min à l'eau bouillante salée. Laissez gonfler 5 min hors du feu à couvert puis égouttez et laissez refroidir. Mettez-le dans un saladier.

Râpez finement le zeste de 1 citron au-dessus d'un bol. Versez le jus des citrons dans le bol. Faites-y fondre 1 pincée de sel. Délayez avec l'huile. Poivrez.

Après avoir ôté le pédoncule des tomates, coupez-les en 2. Pressez-les pour éliminer l'eau et les graines puis détaillez-les en petits dés. Pelez et hachez les oignons avec une partie de leur tige verte. Sans les peler, râpez les courgettes avec une grille à gros trous. Ajoutez le tout dans le saladier. Arrosez de la sauce au citron. Mélangez bien. Couvrez. Réservez 2 h au réfrigérateur.

Au dernier moment, éparpillez la feta grossièrement écrasée. Servez très frais parsemé de feuilles de menthe ciselées.

Conseil

Rincez toujours le quinoa à grande eau car il contient de la saponine qui lui confère de l'amertume.

Risotto au citron, aux raisins et champignons

4 PERS. // PRÉPARATION : 30 MIN // CUISSON : 30 MIN

- 300 g de riz italien (arborio ou carnaroli)
- 2 citrons non traités
- 250 g de raisin à gros grains
- 150 g de petits champignons de Paris
- 1 échalote
- 50 g de beurre ramolli
- 2 cuil. à soupe d'huile d'olive
- 10 cl de vin blanc sec
- 1 litre de bouillon de légumes
- sel, poivre

Râpez finement le zeste de 1 citron. Incorporez ce zeste au beurre ramolli. Pelez les grains de raisin. Nettoyez les champignons en les laissant entiers. Arrosez-les du jus de 1 citron. Pelez et hachez l'échalote. Portez le bouillon à ébullition et maintenez-le au chaud.

Chauffez l'huile dans une sauteuse. Faites-y fondre l'échalote 2 min à feu doux. Ajoutez les champignons. Laissez cuire 3 min. Ajoutez le riz. Mélangez pour que les grains soient enrobés. Arrosez de vin blanc. Laissez-le s'évaporer. Versez une louche de bouillon chaud. Poursuivez la cuisson en ajoutant du bouillon au fur et à mesure que le riz l'absorbe.

Quand le riz est cuit (au bout de 20 min environ), incorporez le beurre de citron en fouettant. Salez, poivrez. Délicatement, mélangez-y les grains de raisin. Terminez par un filet de jus de citron. Servez *presto*.

Conseil

Pour 1 litre de bouillon de légumes, portez à ébullition 2,5 litres d'eau dans un faitout. Salez légèrement. Ajoutez 3 carottes, 3 navets, 3 poireaux, 150 g de céleri-rave, 2 branches de céleri, 1 oignon piqué de 2 clous de girofle, 1 bouquet garni et une dizaine de grains de poivre. Laissez cuire 1 h, dans un faitout mi-couvert, puis filtrez.

Salade de citrons marocaine

4 PERS. // PRÉPARATION : 20 MIN // MACÉRATION : 1 H

- 4 citrons bien mûrs
- 2 oignons frais
- 1 gros bouquet de persil plat
- 1 cuil. à café de cumin en poudre
- 1 cuil. à café de piment doux en poudre (ou de paprika)
- 3 cuil. à soupe d'huile d'olive
- 8 olives noires
- 8 olives violettes
- sel, poivre du moulin

Épluchez les citrons à vif en éliminant toutes les peaux blanches. Mettez-les dans une jatte remplie d'eau froide fortement salée. Laissez de côté 1 h à température ambiante.

Au bout de ce temps, coupez les citrons égouttés en dés. Éliminez les pépins au fur et à mesure. Mettez les citrons dans un plat creux.

Pelez et hachez finement les oignons.
Mélangez-les aux citrons avec le persil ciselé, le cumin et le piment doux. Arrosez d'huile d'olive. Poivrez au moulin. Au moment de servir, éparpillez dessus les olives dénoyautées et coupées en petits morceaux. Dégustez très frais.

Conseil

Pour cette recette, il est impératif de disposer de très bons citrons, bien mûrs donc pas trop acides. Au besoin, ajoutez 1 cuil. à café de sucre (ou de miel) en même temps que les épices.

Filets de rougets sauce fraîche

4 PERS. // PRÉPARATION : 30 MIN // ATTENTE : 15 MIN // CUISSON : 2 MIN

- 12 filets de rougets avec la peau (frais ou surgelés)
- 1/2 concombre
- 2 tomates vertes
- 1 citron non traité
- 8 feuilles de roquette
- 12 feuilles de cresson
- 1/2 bouquet de persil
- 2 cuil. à soupe d'huile d'olive
- sel, poivre

Pelez le demi-concombre. Coupez-le en 2 dans la longueur. Ôtez les graines puis taillez-le en tout petits dés. Mettez-les dans une passoire. Saupoudrez de sel. Laissez dégorger 15 min.

Après avoir ôté le pédoncule des tomates, coupez-les en 2. Pressez pour éliminer l'eau et les graines puis coupez-les en petits dés.

Râpez finement le zeste du citron au-dessus d'une jatte. Épluchez ensuite le citron à vif. Séparez les quartiers entre les membranes. Coupez-les en morceaux. Ajoutez-les dans la jatte avec les dés de concombre égouttés, les tomates vertes, les feuilles de roquette, de cresson et de persil ciselées. Ajoutez 1 cuil. à soupe d'huile d'olive. Laissez de coté 15 min à température ambiante.

Huilez légèrement les filets de rougets. Faites-les cuire 1 min par face dans une poêle antiadhésive bien chaude. Dressez sur des assiettes. Salez, poivrez. Garnissez de la sauce.

Conseils

Servez ce plat accompagné de boulghour.
Si vous utilisez des filets de rougets surgelés, il est inutile de les faire décongeler au préalable.

Daurade rôtie citron-fenouil

4 PERS. // PRÉPARATION : 15 MIN // CUISSON : 30 MIN // MACÉRATION : 30 MIN

- **1 daurade de 1,4 kg, écaillée et vidée**
- **2 citrons non traités**
- **2 branches de fenouil frais**
- **4 oignons frais**
- **1 feuille de laurier**
- **2 cuil. à café de graines de fenouil**
- **3 cuil. à soupe d'huile d'olive**
- **sel, poivre**

Rincez et essuyez la daurade avec du papier absorbant. Salez, poivrez l'intérieur et l'extérieur. Glissez-y les branches de fenouil.

Coupez un citron en tranches. Pelez et émincez les oignons avec une partie de leur tige verte. Éparpillez les tranches de citron et les oignons dans le fond d'un plat huilé. Couchez la daurade par-dessus. Parsemez de la feuille de laurier émiettée, des graines de fenouil et du zeste râpé du deuxième citron. Arrosez du reste d'huile d'olive. Laissez mariner 30 min à température ambiante.

Préchauffez le four à 200 °C (th. 6/7). Faites-y cuire la daurade pendant 30 min. À mi-cuisson, arrosez le poisson du jus du deuxième citron.

Conseil

Servez avec une compote de fenouil : 3 fenouils en quartiers cuits 15 min à la vapeur puis mixés avec un filet d'huile d'olive, le jus de 1/2 citron, sel, poivre et un trait d'apéritif anisé.

Curry de thon coco-citron

4 PERS. // PRÉPARATION : 15 MIN // MACÉRATION : 1 H // CUISSON : 10 MIN

- 1 tranche de thon frais de 600 g
- 2 citrons verts
- 2 oignons doux
- 25 cl de lait de coco
- 2 cuil. à soupe de curry fort en poudre
- 1/2 bouquet de coriandre
- 1 cuil. à soupe d'huile
- sel

Retirez la peau de la tranche de thon. Éliminez également l'arête centrale et les parties noires de la chair situées près de l'arête. Coupez la chair en morceaux de 2 cm. Rincez et essuyez-les dans du papier absorbant. Mettez-les dans une jatte. Saupoudrez de sel. Arrosez du jus des citrons verts. Mélangez bien. Laissez de côté 1 h.

Au bout de ce temps, égouttez et essuyez les morceaux de thon. Pelez et émincez les oignons.

Chauffez l'huile dans un wok (ou dans une sauteuse). Faites-y fondre les oignons 2 à 3 min. Saupoudrez-les de curry. Mélangez 1 à 2 min. Versez le lait de coco. Remuez bien. Ajoutez les morceaux de thon. Laissez cuire 7 min à feu doux en les retournant régulièrement. En fin de cuisson, parfumez de coriandre ciselée.

Conseils

Servez accompagné d'un riz thaï, très parfumé.
Pour calmer le feu du curry, disposez sur la table plusieurs coupelles remplies d'ingrédients rafraîchissants et/ou apaisants : dés de concombre, noix de coco râpée, raisins secs, fines lamelles d'ananas et quartiers de citron vert.

Gambas tandoori

4 PERS. // PRÉPARATION : 20 MIN // MACÉRATION : 30 MIN // CUISSON : 4 MIN

- **16 gambas crues**
- **2 cuil. à soupe de pâte de curry tandoori**
- **1 citron**
- **1 yaourt nature**
- **50 g de beurre**
- **sel, poivre**

Décortiquez les gambas en gardant l'extrémité de la queue. Incisez le dos sur la longueur afin de retirer le boyau noir.

Mélangez dans un plat creux le yaourt, le jus du citron et la pâte de curry tandoori. Salez, poivrez. Ajoutez les gambas. Laissez de côté 30 min à température ambiante.

Faites fondre le beurre soit à feu doux, soit au micro-ondes. Retirez l'écume en surface puis versez-le lentement dans une poêle. Ainsi clarifié, il peut supporter de fortes températures sans brûler. Chauffez-le à feu vif. Faites-y cuire les gambas égouttées 3 à 4 min en les retournant.

Conseils

Servez accompagné d'un riz basmati ainsi que d'une salade de concombre au yaourt et à la coriandre. À base d'épices, la pâte de curry tandoori est disponible en pot dans les magasins de produits orientaux ainsi que dans certaines grandes surfaces.

Poulet créole ananas-citron vert

6 PERS. // PRÉPARATION : 30 MIN // MACÉRATION : 30 MIN // CUISSON : 1 H

- 1 poulet fermier de 1,5 kg, coupé en 12 morceaux
- 1 ananas moyen
- 4 citrons verts
- 2 oignons
- 6 cuil. à soupe de rhum blanc
- 1 cuil. à soupe de cassonade
- 2 cuil. à soupe d'huile
- 25 g de beurre
- piment de Cayenne
- sel, poivre

Entaillez légèrement chaque morceau de poulet. Mettez-les dans un plat creux. Assaisonnez-les de sel, poivre et piment de Cayenne. Arrosez-les du jus des citrons verts. Laissez macérer 30 min en les retournant souvent.

Chauffez l'huile dans une sauteuse. Faites-y dorer les morceaux de poulet égouttés 8 à 10 min en les retournant. Retirez-les et remplacez-les par les oignons émincés. Faites-les revenir 2 à 3 min. Remettez les morceaux de poulet. Arrosez de 3 cuil. à soupe de rhum. Laissez-le s'évaporer. Versez la marinade au citron vert et 5 cl d'eau. Laissez cuire 35 min à couvert sur feu doux.

Entre-temps, coupez l'ananas en quartiers. Éliminez le cœur fibreux. Détachez chaque quartier de l'écorce puis coupez-les en morceaux. Saupoudrez-les de cassonade avant de les faire revenir à la poêle dans le beurre 5 à 6 min sur feu vif. Arrosez du reste de rhum. Hors du feu, flambez.

Dès que les flammes sont éteintes, ajoutez les morceaux d'ananas avec leur jus dans la sauteuse. Poursuivez la cuisson 15 min sans couvrir. Rectifiez l'assaisonnement. Servez chaud.

Conseils

Servez accompagné d'un riz créole.
Pour une recette express, n'utilisez que des blancs de poulet que vous couperez en morceaux. Comptez 15 min de macération et pas plus de 20 min de cuisson en tout.

Poulet aux citrons confits

4 À 6 PERS. // PRÉPARATION : 30 MIN // MACÉRATION : 1 H 30 // CUISSON : 1 H

- 1 poulet fermier de 1,5 kg, prêt à cuire
- 1 citron
- 2 citrons confits au sel (épiceries orientales ou faits maison [voir page 64])
- 1 oignon
- 16 grosses olives violettes
- 3 cuil. à soupe d'huile d'olive
- 1 bouquet de coriandre
- 1 bouquet de persil plat
- 1 pointe de couteau de safran
- 1 cuil. à café de gingembre en poudre
- sel, poivre du moulin

Dans un bol, mélangez le jus du citron et 1 cuil. à soupe de sel. Frottez-en le poulet à l'intérieur et à l'extérieur. Laissez-le reposer 30 min puis rincez et épongez-le.

Dans un bol, mélangez la moitié du bouquet de coriandre et de persil ciselés, le safran, le gingembre, quelques tours de moulin à poivre et 1 cuil. à soupe d'huile d'olive. Enduisez le poulet à l'intérieur et à l'extérieur de cette préparation. Laissez reposer à nouveau 1 h.

Chauffez 2 cuil. à soupe d'huile d'olive dans un faitout. Faites-y fondre l'oignon haché 2 à 3 min. Ajoutez le poulet dans le faitout. Versez 25 cl d'eau sans mouiller le poulet. Ajoutez les olives, 1 citron confit coupé en lamelles, le reste de coriandre et de persil. Portez à ébullition sur feu doux. Couvrez. Laissez cuire 1 h. À mi-cuisson, ajoutez le deuxième citron confit en lamelles.

Pour servir, découpez le poulet. Nappez-le de son jus de cuisson – il doit être très court.

Conseils

Accompagnez d'un riz blanc ou de couscous agrémenté de raisins blonds.
Vous pouvez corser le jus de cuisson en y incorporant une pointe de harissa au tout dernier moment.

Rôti de porc aux agrumes

6 PERS. // PRÉPARATION : 30 MIN // CUISSON : 2 H

- 1 rôti de porc de 1,5 kg pris dans le filet, la palette ou l'échine, ficelé et bardé
- 3 citrons non traités
- 3 oranges
- 2 gousses d'ail
- 1 oignon
- 80 g de raisins blonds secs
- 50 g de câpres
- 80 g d'amandes effilées
- 2 cuil. à café de cannelle
- 3 cuil. à soupe d'huile d'olive
- sel, poivre

Conseils

Accompagnez d'un mélange de riz blanc et de riz sauvage. Choisissez une cocotte (idéalement en fonte) adaptée à la taille du rôti afin que celui-ci baigne largement dans le jus des agrumes et reste bien moelleux.

Salez, poivrez et saupoudrez de cannelle le rôti de porc sur toutes ses faces.

Dans une cocotte, faites chauffer l'huile avec l'ail écrasé. Faites-y dorer le rôti 12 à 15 min en le tournant. Retirez-le et remplacez-le par l'oignon haché. Faites-le fondre 2 min. Remettez le rôti dans la cocotte. Arrosez du jus de 2 citrons et de 2 oranges. Couvrez. Laissez cuire 1 h 30 sur feu doux en retournant régulièrement le rôti.

Ajoutez alors les raisins et les câpres dans le jus de cuisson après avoir rétiré l'ail. Poursuivez la cuisson 10 min. Ajoutez enfin les amandes. Laissez cuire encore 5 min.

Pour servir, coupez le rôti en tranches fines. Reconstituez-le en alternant la garniture raisins-câpres-amandes entre les tranches. Entourez du citron et de l'orange restants pelés à vif et coupés en tranches.

Tartare de bœuf aller-retour

4 PERS. // PRÉPARATION : 10 MIN // CUISSON : 2 MIN

- 600 g de steak tartare
- 1 citron non traité
- 4 tomates séchées à l'huile d'olive
- 1 bouquet de coriandre
- 1 bouquet de basilic
- 4 brins de menthe
- 2 cuil. à soupe d'huile d'olive
- sel, poivre

Râpez finement le zeste du citron au-dessus d'une jatte. Ajoutez-y le steak tartare avec les tomates séchées coupées en tout petits dés, 1 cuil. à soupe d'huile d'olive, le jus du citron et les fines herbes ciselées. Mélangez le tout rapidement à la fourchette.

Divisez cette préparation en 4. Formez 4 galettes aplaties. Faites-les saisir 1 min par face dans une poêle antiadhésive huilée bien chaude. Dressez sur chaque assiette. Salez, poivrez et servez aussitôt.

Conseils

Servez aussitôt accompagné de quartiers de citron et d'une salade de roquette agrémentée de copeaux de parmesan. Pour un maximum de saveur, choisissez du steak haché à moins de 5 % de matière grasse.

Piccata de veau à la limonade

2 PERS. // PRÉPARATION : 15 MIN // CUISSON : 10 MIN

- 300 g de noix de veau
- 1 citron non traité
- 4 cuil. à soupe de limonade
- 1 cuil. à soupe de farine
- 2 cuil. à soupe d'huile d'olive
- sel, poivre

Faites découper la noix de veau en 8 petites escalopes rondes entre 35 et 40 g chacune.

Râpez finement le zeste du citron au-dessus d'une assiette creuse. Mélangez-y la farine. Salez, poivrez. Tournez les petites escalopes dans ce mélange. Tapotez-les pour éliminer l'excédent.

Chauffez l'huile dans une poêle. Faites-y cuire la viande 3 à 4 min par face puis réservez. Versez la limonade dans la poêle vide. Faites bouillir et réduire 2 min en mélangeant. Curieusement, la saveur très sucrée de la limonade ne se sent pas : elle se transforme en sauce caramélisée des plus subtiles. Versez le jus du citron.

Réchauffez les escalopes quelques instants dans cette sauce. Dressez sur des assiettes chaudes et servez.

Conseils

Accompagnez de légumes verts poêlés à l'ail et au piment : pois gourmands, épinards, blettes ou courgettes. Cette recette est aussi excellente avec du filet mignon de porc coupé en médaillons.

Dés de lapin au citron et à la menthe

4 PERS. // PRÉPARATION : 15 MIN // CUISSON : 5 MIN

- **1 kg de râbles de lapin**
- **1 citron non traité**
- **1 bouquet de menthe**
- **1 cuil. à soupe de vinaigre balsamique**
- **2 cuil. à soupe de farine**
- **2 cuil. à soupe d'huile d'olive**
- **25 g de beurre**
- **sel, poivre**

Désossez les râbles. Coupez la chair en dés de 2 cm de côté. Salez, poivrez et farinez-les légèrement. Ce voile de farine est indispensable pour protéger la chair du lapin du dessèchement durant sa cuisson.

Râpez finement le zeste du citron. Réservez.

Chauffez l'huile d'olive dans une poêle. Faites-y cuire les dés de lapin 2 min en mélangeant sans cesse. Réservez. Déglacez avec le vinaigre balsamique et le jus du citron. Faites bouillir et réduire 1 à 2 min. Sur feu très doux, incorporez le beurre en secouant la poêle dans un mouvement de va-et-vient. Tournez les dés de lapin dans cette sauce. Parsemez du zeste râpé et de feuilles de menthe ciselées.

Conseil

Servez accompagné de pâtes au citron : 400 g de spaghetti cuits al dente *puis mélangés à une sauce composée de 10 cl de crème, des zestes râpés de 2 citrons non traités et de 50 g de parmesan râpé.*

Tajine d'agneau aux fèves et citrons confits

6 PERS. // PRÉPARATION : 30 MIN // CUISSON : 1 H 30

- 1,5 kg d'épaule d'agneau désossée et coupée en morceaux
- 1,5 kg de fèves à écosser
- 6 tranches de citron confit à l'huile (voir page 64)
- 3 oignons rouges
- 2 gousses d'ail
- 1 cuil. à café de cumin en poudre
- 1 cuil. à café de piment doux
- 1 pointe de couteau de safran
- 1 bâton de cannelle
- 2 cuil. à soupe d'huile d'olive
- 1/2 bouquet de coriandre
- sel, poivre

Chauffez l'huile dans une sauteuse. Faites-y dorer les morceaux d'agneau sur toutes les faces 8 à 10 min. Égouttez et mettez-les dans un plat à tajine (ou dans une cocotte) avec les oignons émincés, 3 tranches de citron confit en morceaux, les gousses d'ail écrasées, le cumin, le piment, le safran et le bâton de cannelle. Salez, poivrez. Mélangez bien puis mouillez d'eau juste à hauteur. Faites cuire 1 h à couvert sur feu très doux.

Écossez les fèves. Ébouillantez, rafraîchissez puis dérobez-les en retirant la fine peau qui les recouvre.

Ajoutez-les dans le tajine (ou dans la cocotte) avec les tranches de citron confit restantes. Poursuivez la cuisson 20 min sans couvrir afin que le jus réduise et épaississe. Rectifiez l'assaisonnement en fin de cuisson. Servez très chaud, parsemé de feuilles de coriandre ciselées.

Conseil

Réalisez cette recette en toutes saisons avec des fèves surgelées.

Tarte au citron

6 PERS. // PRÉPARATION : 30 MIN // ATTENTE : 30 MIN // CUISSON : 35 MIN

- **3 citrons non traités**
- **3 œufs**
- **200 g de sucre en poudre**
- **100 g de beurre demi-sel**

Pour la pâte

- **250 g de farine + 30 g pour le plan de travail**
- **125 g de beurre demi-sel**
- **2 cuil. à café de sucre en poudre**
- **3 cuil. à soupe d'eau**

Préparez d'abord la pâte. Mettez la farine, le beurre en parcelles et le sucre dans une jatte. Écrasez l'ensemble avec une fourchette. Versez l'eau. Amalgamez le tout. Ramassez la pâte obtenue en boule. Laissez reposer 30 min au réfrigérateur.
Vous pouvez aussi réaliser la pâte au robot-mixeur en y réunissant tous les ingrédients.

Préchauffez le four à 210 °C (th. 7). Étalez la pâte sur le plan de travail fariné. Foncez-en un moule à tarte de 26 cm de diamètre (inutile de le beurrer). Piquez le fond à la fourchette. Recouvrez-le d'une feuille de papier cuisson. Éparpillez dessus une poignée de billes de lestage (ou de légumes secs). Faites cuire 10 min au four.

Dans une jatte, fouettez les œufs entiers avec le sucre, le zeste finement râpé de 1 citron, le jus de 2 citrons et demi puis le beurre fondu et tiédi. Versez cette préparation dans le fond de tarte précuit. Garnissez du demi-citron restant coupé en très fines tranches. Faites cuire 25 min au four à 180 °C (th. 6). Laissez tiédir avant de démouler. Servez à température ambiante.

Variante

Pour une tarte meringuée, montez 2 blancs d'œufs en neige avec 1 pincée de sel. Incorporez délicatement 80 g de sucre en poudre. Recouvrez la tarte cuite (sans tranches de citron) de cette meringue, puis faites colorer à four doux à 120 °C (th. 4), 12 à 15 min.

Soufflé au citron

4 PERS. // PRÉPARATION : 20 MIN // CUISSON : 20 MIN

- 1 gros citron non traité
- 3 œufs + 1 blanc
- 60 g de sucre en poudre + 2 cuil. à café pour le moule
- 1 cuil. à café de Maïzena
- 1 cuil. à soupe de sucre glace
- 10 g de beurre pour le moule
- sel

Conseil

Pour que le soufflé lève bien, il faut que le moule soit très soigneusement beurré et sucré. Une empreinte de doigt suffit pour que la préparation reste collée aux parois du moule et stoppe net son ascension.

Préchauffez le four à 190 °C (th. 6/7). Beurrez un moule à soufflé de 16 cm de diamètre. Saupoudrez le fond et les parois de 2 cuil. à café de sucre en poudre.

Séparez les jaunes des blancs d'œufs. Mettez les 4 blancs dans une jatte, les 3 jaunes dans un grand bol. Ajoutez 30 g de sucre en poudre dans le bol contenant les jaunes. Battez au fouet à main pour que le mélange blanchisse. Incorporez la Maïzena puis le zeste finement râpé et le jus du citron.

Montez les blancs d'œufs en neige ferme avec 1 pincée de sel. Ajoutez le reste de sucre en poudre en continuant de battre. Ajoutez la valeur d'une grosse cuillerée à soupe dans le bol contenant les jaunes. Mélangez vivement puis, délicatement, incorporez le reste des blancs en neige. Terminez le mélange à l'aide d'une spatule souple.

Versez dans le moule. Enfournez. Laissez cuire 20 min. Servez à la sortie du four saupoudré de sucre glace.

Mousse au chocolat blanc et citron vert

4 PERS. // PRÉPARATION : 15 MIN // CUISSON : 5 MIN // RÉFRIGÉRATION : 2 H

- 150 g de chocolat blanc
- 1 citron vert
- 30 cl de crème liquide
- 2 graines de cardamome
- 1 cuil. à soupe de sucre glace

Dans une casserole, portez 10 cl de crème à ébullition avec le zeste du citron finement râpé et les graines de cardamome écrasées. Retirez du feu. Couvrez. Laissez infuser 10 min puis filtrez cette crème parfumée. Portez à nouveau à ébullition.

Cassez le chocolat blanc en morceaux. Faites-les fondre dans la crème très chaude mais hors du feu. Laissez tiédir en mélangeant souvent.

Fouettez le reste de crème liquide très froide en chantilly. Incorporez délicatement le chocolat blanc. Répartissez cette mousse dans des petits verres. Réservez 2 h au réfrigérateur.

Au moment de servir, saupoudrez de sucre glace tamisé à travers une petite passoire. Décorez chaque verre d'une tranche de citron vert pelé à vif. Servez très frais.

Conseils

Accompagnez d'un coulis de fruits rouges. Pour que la crème liquide se transforme en chantilly onctueuse, elle doit impérativement contenir un minimum de 30 % de matière grasse. Réservez-la donc une petite demi-heure au congélateur. Très froide, elle monte mieux et plus vite.

Terrine d'agrumes au thé vert

6 PERS. // PRÉPARATION : 30 MIN // RÉFRIGÉRATION : 12 H

- 2 citrons non traités
- 2 citrons verts
- 6 oranges
- 2 petits pomelos
- 1 cuil. à café de thé vert en feuilles
- 1 bouquet de menthe fraîche
- 200 g de sucre en poudre
- 8 feuilles de gélatine (16 g)

Épluchez tous les agrumes à vif. Séparez les quartiers entre les membranes. Mettez-les au fur et à mesure dans une terrine ou dans un moule à cake de 22 cm de long chemisé d'un film alimentaire.

Mettez la gélatine à tremper dans un bol d'eau froide.

Versez les feuilles de thé vert dans une théière. Versez dessus 20 cl d'eau bouillante. Rincez le thé en faisant tourner la théière dans un mouvement circulaire. Videz cette eau. Versez à nouveau 50 cl d'eau frémissante sur le thé. Ajoutez le sucre et la menthe. Laissez infuser 5 min puis versez dans une jatte. Faites-y fondre la gélatine bien pressée dans les mains.

Versez cette gelée refroidie mais encore liquide sur les agrumes. Rabattez le film en surface. Réservez 12 h au réfrigérateur. Démoulez et coupez en tranches au moment de servir.

Conseils

Le parfum de la menthe étant très puissant, ne la laissez pas infuser trop longtemps. Cette terrine s'accompagne idéalement d'un sorbet à la pomme verte.

Cheesecake au citron

8 PERS. // PRÉPARATION : 20 MIN // CUISSON : 50 MIN // RÉFRIGÉRATION : 4 H

- **1 kg de fromage frais crémeux (cream cheese ou Saint-Môret)**
- **250 g de biscuits secs (spéculoos ou Bastogne)**
- **60 g de beurre fondu**
- **2 œufs**
- **250 g de sucre**
- **2 citrons non traités**

Mixez les biscuits pour les réduire en chapelure. Mélangez-y le beurre fondu. Tapissez le fond d'un moule à charnière de 24 cm de diamètre de cette préparation. Réservez 20 min au réfrigérateur. Préchauffez le four à 120 °C (th. 4).

Dans une jatte, fouettez le fromage frais avec le sucre jusqu'à ce que le mélange soit lisse. Incorporez les œufs préalablement battus, les zestes finement râpés puis le jus des citrons. Remuez bien.

Versez cette préparation dans le moule. Faites cuire 50 min au four. Après refroidissement, réservez 4 h minimum au réfrigérateur. Servez après avoir retiré la partie amovible du moule à charnière. Dégustez très frais accompagné d'un coulis de fruits rouges.

Variante

Vous pouvez remplacer les zestes râpés par 2 cuil. à café de gingembre en poudre doublé du jus de 1 citron.

Cake au citron

6 PERS. // PRÉPARATION : 20 MIN // CUISSON : 45 MIN

- 1 gros citron non traité
- 75 g de beurre demi-sel ramolli + 15 g pour le moule
- 180 g de sucre en poudre
- 3 œufs
- 8 cuil. à soupe de lait
- 190 g de farine
- 1 cuil. à café rase de levure chimique

Pour le glaçage

- 1/2 citron
- 120 g de sucre glace

Préchauffez le four à 160 °C (th. 5/6). Beurrez un moule à cake de 22 cm de long. Dans une jatte, fouettez le beurre ramolli et le sucre jusqu'à ce que le mélange soit crémeux.

Dans un bol, battez les œufs en omelette avec le lait. Versez dans la jatte. Mélangez bien l'ensemble puis incorporez la farine et la levure. Parfumez du zeste râpé et du jus du citron.

Versez cette pâte dans le moule. Tapez le fond sur le plan de travail. Faites cuire 45 min au four. Démoulez et laissez refroidir sur une grille.

Pour le glaçage, mélangez le jus du demi-citron et le sucre glace. Versez sur le cake. Laissez sécher à température ambiante.

Astuce

Pour un démoulage facile, adoptez un moule mou en silicone. Il ne demande pas à être graissé.

Crème brûlée au citron

6 PERS. // PRÉPARATION : 20 MIN // CUISSON : 30 MIN // ATTENTE : 1 H // RÉFRIGÉRATION : 4 H

- 6 jaunes d'œufs
- 2 citrons non traités
- 50 cl de crème liquide
- 15 cl de lait entier
- 140 g de sucre en poudre
- 6 cuil. à soupe de cassonade

Râpez finement les zestes des 2 citrons au-dessus d'une casserole. Versez-y la crème liquide. Portez à ébullition. Retirez du feu. Couvrez. Laissez infuser 15 min puis filtrez.

Dans une jatte, fouettez les jaunes d'œufs et le sucre jusqu'à ce que le mélange blanchisse. Incorporez le lait puis la crème tiédie. Laissez reposer 1 h. Retirez la mousse en surface.

Préchauffez le four à 90 °C (th. 3). Répartissez la préparation dans 6 petits plats à œufs en porcelaine à feu (ou dans des ramequins). Faites cuire 30 min au four. Après refroidissement, réservez 4 h minimum (ou jusqu'au lendemain) au réfrigérateur.

Saupoudrez chaque crème de cassonade. Faites caraméliser sous le gril du four en les plaçant le plus près possible de la source de chaleur afin que cette étape soit la plus courte possible (la crème ne devant pas réchauffer). Servez aussitôt ou dans l'heure qui suit.

Conseil

L'épaisseur de la crème dans son plat (ou dans son ramequin) ne doit pas excéder 1,5 cm. Au terme de la cuisson, elle doit être à prise sur les bords et encore tremblotante au centre : c'est après son passage au réfrigérateur qu'elle va se raffermir.

Petits gâteaux au yaourt et citron

6 PERS. // PRÉPARATION : 20 MIN // CUISSON : 20 MIN

- **1 citron non traité**
- **1 pot de yaourt velouté (125 g)**
- **3 œufs**
- **1 pot de sucre en poudre (120 g)**
- **1 pot d'huile (14 cuil. à soupe)**
- **3 pots de farine (200 g)**
- **1 cuil. à café de levure chimique**
- **1 pincée de sel**

Pour le décor

- **1 citron non traité**
- **2 cuil. à soupe de sirop de grenadine**
- **2 cuil. à soupe de sucre glace**

Préchauffez le four à 200 °C (th. 6/7). Dans une jatte, fouettez les œufs et le sucre. Ajoutez le yaourt, l'huile, le zeste râpé et le jus du citron, la farine, la levure et le sel. Mélangez jusqu'à l'obtention d'une pâte lisse.

Répartissez-la dans 12 caissettes en papier de 8 cm de diamètre (préalablement posées sur une plaque) ou dans les empreintes d'une plaque à muffins en silicone. Enfournez. Laissez cuire 20 min.

Pour le décor, prélevez le zeste du citron. Coupez-le en fines lanières. Faites-les blanchir 2 min à l'eau bouillante. Rafraîchissez, égouttez puis réservez-les dans un bol avec le sirop de grenadine.

Pour servir, saupoudrez les gâteaux de sucre glace tamisé à travers une passoire fine et garnissez des zestes.

Conseil

Doublez les caissettes en papier afin de les rendre plus résistantes.

Sablés sésame-citron

4 PERS. // PRÉPARATION : 20 MIN // CUISSON : 25 MIN

- 2 œufs + 1 jaune
- 140 g de beurre demi-sel
- 1 citron non traité
- 60 g de sucre glace
- 150 g de farine
- 25 g d'amandes en poudre
- 1 pincée de levure chimique
- 4 cuil. à café de graines de sésame

Faites durcir 2 œufs 10 min dans de l'eau bouillante. Rafraîchissez-les, écalez-les et prélevez les jaunes (les blancs ne sont pas utilisés).

Préchauffez le four à 180 °C (th. 6). Travaillez le beurre à la fourchette en y incorporant le zeste finement râpé du citron, le sucre glace, la farine, les amandes en poudre, la levure et les jaunes d'œufs durs écrasés.

Étalez la pâte obtenue sur 5 mm d'épaisseur. Découpez-la en 8 sablés. Déposez-les sur une plaque recouverte d'une feuille de papier cuisson. Dorez-les au jaune d'œuf. Parsemez de graines de sésame. Faites-les cuire 15 min au four. Proposez ces sablés accompagnés de lemon curd (voir page 62). Sachez qu'ils peuvent se conserver 4 à 5 jours bien au sec dans une boîte hermétique.

Conseil

Si le beurre est trop dur, passez-le une trentaine de secondes au micro-ondes en position décongélation.

Granité au citron

6 PERS. // PRÉPARATION : 20 MIN // CUISSON : 5 MIN // PRISE EN GLACE : 3 H

- 5 à 6 citrons non traités
- 250 g de sucre

Avec un zesteur, prélevez les zestes de 2 citrons. Faites-les blanchir 2 min dans une casserole d'eau bouillante. Rafraîchissez, égouttez et réservez au réfrigérateur.

Pressez les citrons afin d'obtenir 25 cl de jus. Versez ce jus dans une casserole inoxydable. Allongez de 50 cl d'eau. Ajoutez le sucre. Portez à ébullition. Laissez frémir 3 min.

Versez dans un plat large. Après refroidissement, placez au congélateur à – 18 °C. Au bout de 30 min, écrasez les cristaux de glace déjà formés sur les bords. Recommencez cette opération 5 fois jusqu'à ce que toute la masse soit prise en paillettes de glace.

Remuez une dernière fois à la fourchette avant de proposer ce granité dans des verres. Servez parsemé des zestes blanchis.

Conseil

Une fois pris, le granité peut bien sûr se conserver au congélateur, mais il a vite tendance à se transformer en bloc de glace, d'où l'intérêt de le préparer moins de 4 heures avant de le servir.

Lemon curd

POUR 1 POT DE 25 CL // PRÉPARATION : 20 MIN // CUISSON : 20 MIN

- 2 gros citrons non traités
- 4 œufs
- 200 g de sucre en poudre
- 15 g de beurre

Râpez finement les zestes des citrons au-dessus d'une jatte puis pressez-les. Versez le jus dans cette jatte. Ajoutez les œufs et le sucre. Battez au fouet à main. Ajoutez le beurre en petits morceaux.

Placez la jatte dans un bain-marie frémissant (en prenant soin de placer une feuille de papier dans le fond du bain-marie pour éviter les éclaboussures). Faites cuire 20 min sans cesser de fouetter jusqu'à ce que la préparation épaississe et devienne crémeuse (jusqu'à disparition de toute la mousse). Mettez en pot.

Après refroidissement, réservez dans la porte du réfrigérateur. Le lemon curd peut se conserver 2 semaines au frais (pas plus car il contient des œufs). Vous pouvez donc, sans problème, le préparer à l'avance.

Conseils

Proposez-le sur des crêpes chaudes, avec des sablés ou des meringues ou bien garnissez-en un fond de tarte (un véritable délice avec des fraises !).
Vous pouvez cuire le lemon curd sans bain-marie dans une casserole à fond épais en veillant bien à la lever régulièrement de la source de chaleur.

Citrons confits à l'huile

POUR UN BOCAL DE 50 CL // PRÉPARATION : 15 MIN // MACÉRATION : 24 H // ÉGOUTTAGE : 2 H // REPOS : 1 SEMAINE

- **6 citrons non traités**
- **1 cuil. à café de graines de coriandre**
- **huile d'olive**
- **100 g de gros sel gris**

Rincez et essuyez les citrons. Coupez-les en tranches de 5 mm d'épaisseur. Éliminez les pépins. Mettez les rondelles de citron dans une jatte en y alternant les graines de coriandre et le gros sel. Laissez macérer 24 h.

Au bout de ce temps, rincez les rondelles de citron. Laissez-les s'égoutter sur un plateau recouvert de papier absorbant pendant 2 h puis rangez-les dans un bocal ébouillanté et séché en les pressant bien.

Recouvrez d'huile d'olive. Fermez. Secouez le bocal pour que l'huile pénètre entre les couches. Laissez reposer une semaine avant d'utiliser ces citrons comme condiment. Réservez l'huile (délicieuse) pour tous les assaisonnements (salades, pâtes, riz...). Ces citrons se conservent 2 mois dans un endroit frais.

Variante

Pour des citrons confits au sel, entaillez des petits citrons sans séparer les quartiers. Déposez 1/2 cuil. à café de gros sel entre chaque quartier puis refermez les citrons. Mettez-les au fur et à mesure dans une jatte. Laissez dégorger 12 h. Égouttez puis rangez-les dans un grand bocal ébouillanté et séché. Recouvrez d'eau salée tiédie (25 g de gros sel par litre). Fermez hermétiquement. Laissez 15 jours au frais et à l'abri de la lumière avant de les utiliser.

Un grand merci pour la précieuse collaboration des boutiques, fabricants et show-rooms cités :
CMO (tissus) – 5, rue Chabanais – 75002 Paris – tél. : 01 40 20 45 98
Guy Degrenne – tél. : 02 31 66 44 00 – www.guydegrenne.com
Jars céramiques – Rapon – 26140 Anneyron – tél. : 04 75 31 40 40
Kahla – www.kahlaporzellan.com
Orfevrerie Philippe Deshoulières – tél. : 02 48 52 60 60 – www.ph-deshoulieres.com
Quartz – 12, rue des Quatre-Vents – 75006 Paris – tél. : 01 43 54 03 00 – www.quartz-verreries.com
Sabre – 4, rue des Quatre-Vents – 75006 Paris – tél. : 01 44 07 37 64
Sentou – 26, bd Raspail – 75007 Paris – tél. : 01 45 49 00 05 – www.sentou.fr

Dans la même collection

j'aime et je cuisine la courgette
j'aime et je cuisine la fraise
j'aime et je cuisine la tomate

Création graphique-couverture : Laurent Quellet
Création graphique-intérieur : Nord Compo
Mise en pages : Nord Compo
Stylisme des photos : Catherine Bouillot
Suivi éditorial : Lucie Nédellec
Suivi de fabrication : Catherine Maestrati
Photogravure : Nord Compo

Achevé d'imprimer en avril 2006
par SNP Leefung en Chine